3

무신정권과 반란의 시대

박시백의 고려사 3

무신정권과 반란의 시대

Humanist

머리말

　　5,000년 역사를 통해 우리나라를 대표하는 이름으로 자리잡은 것은 조선, 한, 고려 이 셋이다. 조선이 가장 먼저 나오고 뒤이어 한, 고려가 나왔는데 공교롭게도 오늘날에 모두 쓰이고 있다. 남과 북이 각각 한과 조선을 국호로 삼았고 나라 밖에선 남과 북을 통칭해 '코리아(Korea)'라고 부른다. 코리아는 곧 고려로, 우리가 세계에 알려진 것이 고려 때임을 알게 해준다.

　　자신의 존재를 세계에 알린 나라답게 고려는 확실히 외부에 열린 나라였다. 중국을 비롯해 거란, 여진, 몽골, 일본 등 주변 나라들은 물론 멀리 아라비아와도 적극적으로 교류했고, 적지 않은 이들 나라 사람들이 고려에 귀부해 정착했다. 고려는 귀부해 오는 이민자들을 거리낌 없이 받아들였고 이를 통해 자신의 문화를 더욱 풍부하게 했다.

　　자주성이 강한 고려는 외부의 침략에도 단호히 맞서 싸웠다. 거란은 고려를 침략했다가 일찍이 겪어보지 못한 괴멸적 패배를 맛봤으며, 끝없는 정복전쟁으로 인류 역사에서 최대의 영토를 차지했던 몽골도 고려를 굴복시키는 데 무진 애를 먹었다. 외교적 수완도 뛰어나서 필요하면 형식적 사대를 하거나 제3국과 손잡고 상대를 압박했으며, 심지어 이이제이를 하는 모습도 보여주었다. 이는 모두 여차하면 힘으로 맞선다는 태세와 그럴만한 실력이 있었기에 가능한 일이었다.

　　하지만 복잡하고 불안한 주변 정세 속에서 자주적으로 살아남는다는 것은 시련을 동반한다. 세 차례에 걸친 거란의 침입, 40여 년간 이어진 몽골과의 전쟁 등 외부의 침입으로 인한 고난의 시간이 너무 길었다. 당대의 백성들에겐 혹독하기 이를 데 없는 세월이었을 텐데 선조들은 그런 환경 속에서 세계 최초의 금속활자, 팔만대장경판, 고려청자 같은 빛나는 문화적 성취를 이뤄냈다. 실로 작지만 강하고 매력적이었던 나라, 고려!

이 책은 바로 고려에 대한 소개서로, 만화로 보는 고려시대사, 고려 정치사이다. 조선 초에 편찬된 《고려사》,《고려사절요》에 철저히 기반했기에 이 두 책의 요약서라고도 할 수 있다. 500년 가까운 세월을 다섯 권에 담다 보니 사건과 인물 들에 대한 소개가 생략되거나 간략해 보이는 감이 있을 것이다. 하지만 고려사가 대중적으로 잘 알려져 있지 않은 편이라 지나치게 자세한 소개는 오히려 접근을 어렵게 할 수도 있겠단 판단에서 이 정도의 분량을 택했다. 부디 이 책이 고려사에 대한 관심을 높이고 이해를 넓히는 데 작은 보탬이 되었으면 하는 바람이다.

2022년 2월

차례

머리말 4
등장인물 소개 8

제1장 무신란과 무신정권

날라리 의종과 조력자들 15
반란의 배경 28
무신들의 폭발 37
이의방의 득세 48
문신, 승려의 반발 54
조위총의 난 64

제2장 이어지는 무신 권력자

정중부 79
경대승 88
이의민 100
최충헌 108

제3장 반란의 시대

망이·망소이의 난　123
계속되는 서경의 반역　129
노비들의 난　138
옛 신라 지역의 반란　150

제4장 최씨 정권의 성립

명종을 폐하다　163
1인 권력의 확립　171
최충헌 치세의 왕들　182
최충헌의 위세　191
대륙의 혼돈이 고려로　198
몽골과의 만남　213

작가 후기　224
고려사 연표　226
고려 왕실 세계도　230
정사(正史)로 기록된 고려의 역사, 《고려사》와 《고려사절요》　231

등장인물 소개

의종
고려 제18대 왕.
무신정변으로
폐위된다.

정습명
인종에게
의종 보필을
부탁받은 문신.

김존중　　**정함**
서로 결탁하고 의종에게 아첨하며 비리와 횡포를 저지른다.

정중부
무신들을 이끌고
정변을 일으켜
의종을 폐한다.

이의방
정변 이후 가장
먼저 권력을 떨친
무신 집권자.

이고
정중부·이의방과
함께 정변을
주도한 무신.

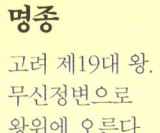

명종
고려 제19대 왕.
무신정변으로
왕위에 오른다.

조위총
무신정권에 반발해
난을 일으킨다.

윤인첨
조위총의 난을
평정한다.

경대승
정중부를 제거하고
조정의 질서를
회복하고자 한다.

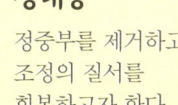

이의민
정변에 가담하고,
반란을 평정하며
최고 권력자에 오른
괴력과 탐욕의 무신.

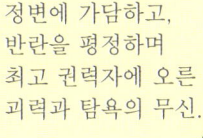

두경승
여러 반란 진압에
활약한 무장으로,
이의민만큼
힘이 셌다.

망이   망소이
공주 명학소에서 난을 일으킨다.

만적
노비들을 모아 난을 모의한다.

죽동
전주에서 향리들에 대항해 반란을 주도한다.

정방의
진주에서 반란을 일으킨 향리.

김사미   효심
신라 부흥을 도모하며 민란을 이끈다.

최충헌
무신정권 시대 최고의 권력을 누린 집권자.

최충수
최충헌의 동생.

제1장

무신란과 무신정권

| 1146 | 의종 즉위
| 1151 | 정함을 합문지후로 임명, 대간 반발
| 1157 | 대령후, 천안부로 유배
| | 익양공의 가택을 빼앗아 수덕궁 창건
| 1158 | 중흥궁 창건
| 1167 | 중미정 조성
| 1170 | 무신정변
| | 의종 폐위, 명종 즉위
| 1171 | 이의방이 이고와 채원을 제거
| 1173 | 김보당의 난
| | 이의민, 의종을 시해
| 1174 | 개경 승려들, 이의방 제거 시도
| | 조위총의 난

◀ 무신과 문신
공민왕릉에 세워진 무신(왼쪽)과 문신의 석상이다. 문신 석상이 무신 석상보다 한 층 위에 있는 점에서 엿보이듯 고려 전기에는 문신의 지위가 훨씬 높았다.

날라리 의종과 조력자들

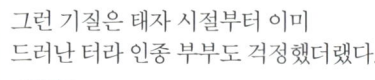

● 고신(告身): 벼슬아치의 임명장.

이후 모후와 왕의 관계는 정상화되었지만

아우에 대한 의종의 경계는 사라지지 않았다.

정함은 자신을 공격하는 간관들을 욕보이기 위해 이를 이용했다.

조사 결과 사실이 아닌 것으로 확인됐다.

반란의 배경

고려 건국의 주역이었던 호족 세력은

태조 이래의 중앙집권화 정책에 따라 중앙의 관료 세력으로 변화했다.

여기에 과거제가 실시되면서 유학으로 무장한 신진 관료층이 더해졌다.

이들은 각종 특혜를 누리면서 특권층을 형성해갔다.

- 녹봉으로 받은 과전에서 조세를 거두고
- 세습 가능한 공음전을 받았으며
- 5품 이상 관료의 자제들은 과거에 급제하지 않고도 벼슬할 수 있는 음서제의 특권도.

그 가운데서도 최상층에 속하는 이들은 서로 간에, 나아가 왕실과 혼인 관계를 맺으면서 자기들만의 세계를 구축했는데

사돈~ 사돈~

이거야 뭐 어느 시대나

대부분이 문신들이었다.

이름하여 문벌 귀족!

화려한 궁을 짓고 중흥궁이라 이름 지었다.

왕의 유흥만을 위한 토목공사도 이어졌다. 왕이 자주 찾던 청녕재 남쪽에 시냇물을 막아 거대한 연못을 만들고 중미정이라는 정자를 세웠다.

이 공사를 할 때 부역 나온 한 역군은 너무 가난해 밥을 싸올 수가 없었다.

동료들이 십시일반하여 그의 허기를 채워주었는데

어느 날 부인이 음식을 잔뜩 준비해서 찾아왔다.

중미정보다 더 크고 화려하게 꾸민 놀이터도 많았다. 대평정을 지었고

강변의 만춘정 일대엔 각종 나무와 화초, 괴석으로 조경을 하고 여러 정자와 시냇물을 가로지르는 다리들을 조성했다.

재위 마지막 해인 의종 24년(1170) 신년하례 때 보인 행동은
그의 정신세계를 보여주는 단면이라 하겠다. 신하들이 자신에게 올리는 표문을
자신이 직접 지어 신하들로 하여금 올리도록 한 것인데, 그 내용이 가관이다.

새해 정월이 돌아오니 만물이 새로우며 궁전에 봄이 돌아오니 용안에는 기쁨이 가득하나이다.
…… 공손히 생각건대 폐하께오선 요임금의 성스러운 밝음과 순임금의 지혜로운 총명을
한몸에 지니셨으니 온갖 복록이 모여들어 쉼 없이 나날이 새로워지시며 다달이 끊임없이
무궁한 천수를 누리실 것이옵니다.

…… 천하의 나라들이 분주히 달려와 옥과 비단을 다투어 바치옵고 사방의 신민들이
뒤질세라 산 넘고 물 건너 몰려옵니다. 이 좋은 날에 하례를 받으시니 복을 더 크게
받으실 것이옵니다. 하물며 요즘 바쁘신 정무의 여가에 부지런히 신하들을 접견하시고
글하는 신하들과 더불어 사륙변려문을 훌륭히 지어내시며 신하들의 자리에 오셔서
시서경사의 오묘한 글들을 강론하시나이다.

금나라 사신은 술잔을 올리며 만수무강을 축원하며 동쪽 일본국 사절은 보물을
바치며 황제라 부르나이다. 하늘의 신령께서 항상 몰래 도우시니 복록과 경사가
강물처럼 불어나고 세상에 다시 없는 새로운 상서가 열리니 군왕께서 통일을
이룩심을 보겠나이다.

신하들은 찬미를 바치옵고 그 위업은 청사에 빛나리니 인민이 생겨난 이래로
오늘같이 성대한 날은 다시 없으리이다. 저희들은 이 성대를 만나
밝으신 임금의 은택을 받으니 ……

무신들의 폭발

● 오병수박희(五兵手搏戱): 마주 서서 맨손으로 서로를 치고 밀며 무예를 겨루는 놀이.

● 순검군(巡檢軍): 순찰과 치안 유지를 담당하는 군대.

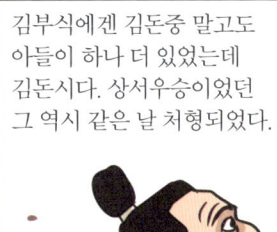

이의방의 득세

정중부 등 무신 반란의 주역들은 의종의 동생이자 인종의 3남인 익양공 호를 새 왕으로 앉혔다. 제19대 임금 명종이다.

일찍이 최여해가 익양공에게 말했다.

제가 어젯밤에 꿈을 꾸었는데 말입니다.

태조대왕께서 나타나시어 홀*을 공께 드리는 겁니다. 그러자 공께서 용상에 앉고 제가 백관과 함께 하례를 드렸지 뭡니까?

이보시오 최공 어디 가서 다시는 이 말을 옮기지 마시오. 폐하께서 들으신다면 나는 살아남지 못할 것이오.

염려 마십시오. 대신 귀하게 되실 몸이니 부디 잘 건사하셔야 합니다.

정말 최여해의 꿈처럼 이 자리에 앉게 되었네. 앉긴 했는데…

● 홀(笏): 관리가 왕을 알현할 때 손에 쥐는 물건.

정중부, 이의방, 이고 등 정변의 주역인 무신들은 나라의 모든 실권을 틀어쥐었다.

대장군 이상 무신들의 협의기구인 중방이 최고 권력기관으로 자리 잡았고

살아남은 문신들은 언제 그들의 칼날이 자신들을 향할지 몰라 숨을 죽였다.

문신, 승려의 반발

두 형과 더불어 온갖 말썽을 피워 마을의 골칫거리였다.

안찰사가 잡아다 고문을 했는데 두 형은 죽고 혼자 살아남았다.

이놈 물건인걸.

안찰사는 이의민을 개경으로 데리고 와 경군으로 삼았고, 이의민은 뛰어난 힘과 무예로

의종의 눈에 들었다.

저 친구 대단한데 누구야?

정7품 별장까지 승진했는데 무신란 때 활약이 대단해

장군이 되어 고향 땅을 밟게 된 것이다.

킬킬킬 이야말로 금의환향 경주의 부랑아가 정4품 장군이 되었단 말이지.

조위총의 난

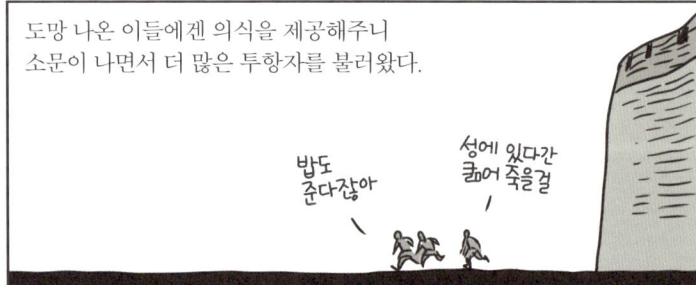

그러나 외부의 응원이 없는 상태로 언제까지 버틸 수는 없는 노릇.

난이 발발하고 2년 가까이 된 명종 6년(1176), 마침내 윤인첨은 총공격에 나섰다.

윤인첨이 통양문을,

두경승이 대동문을 치니

마침내 서경성의 반군이 무너졌다.

조위총의 머리는 개경으로 보내져 거리에 매달렸다.

제1장 무신란과 무신정권 73

무신란을 촉발시키는
방아쇠 역할을 했던 한뢰는 …

… 의종의 침전에 숨어 들어가
왕의 옷자락을 붙들고 잠시
버텨보았으나
칼날을 피하지 못했다.

제2장

이어지는 무신 권력자

| 1174 | 정균, 승려 종참을 꾀어 이의방 살해
| | 정중부, 문하시중 임명
| 1176 | 이의방 측근, 정중부 암살 도모
| 1179 | 경대승, 정중부 일당 제거
| 1180 | 경대승, 허승·김광립 살해
| 1183 | 경대승 사망
| 1184 | 명종, 이의민을 개경으로 소환
| 1193 | 이지순, 경주 지역 반란군과 내통
| 1196 | 최충헌 형제, 이의민 일당 제거
| | 봉사 10조 상서

◀ **거제 둔덕기성**
경상남도 거제시 둔덕면 우두봉 정상에 쌓은 둘레 약 550미터, 높이 5미터의 산성이다. 폐위된 의종이 거제도로 추방된 뒤 이 산성에서 지냈다고 하여 '폐왕성(廢王城)'이라고도 불린다.

정중부

제2장 이어지는 무신 권력자

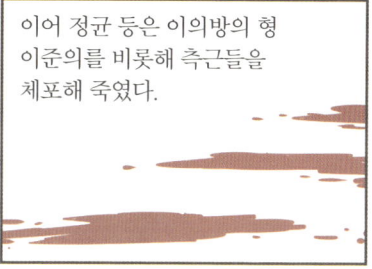

이제 권력의 중심추는 정중부에게로 넘어왔다.

큰 키에 맑은 피부, 아름다운 수염에 네모진 눈동자를 가진 범상치 않은 외모 덕에 일반 군인으로 출발해 금군으로, 장교로 올라서더니

마침내 최고 권력자의 자리에 이르렀다.

"시중 어르신~"

정치가이자 권력자로서의 정중부는 탐욕스럽고 자기만 아는 모습이었다.

"무슨 욕심이 저리도 많은지, 시중이 되고 나서 토지가 엄청 늘었다지."

"일흔 넘으면 벼슬에서도 물러나는 게 상례인데 내려놓질 않아."

"생긴 거랑은 아주 딴판일세."

일가 사람은 물론 문객들까지 횡포를 부렸고

"나 정 시중댁 드나드는 사람이야."

집안의 노비들마저 나라에서 금한 비단 도포를 입고 행세했다.

"나 정 시중댁 종놈이시다."

정균은 태후에게 부탁해 소실된 태후의 별궁을 공짜로 얻어 거창하게 공사했다.

태후궁에서 멀지 않은 거리여서 명종은 싫어하면서도 공사 중지를 차마 말하지 못했다.

한동안 무관의 인사를 전담했을 뿐 아니라

공주를 새 부인으로 삼으려 욕심내고 있었다.

사위 송유인의 권세도 대단했다.

본래 그의 부인은 송나라 상인의 첩이었는데 재산이 많았다.

부인의 돈으로 환관에게 뇌물을 주어 높은 벼슬을 받고

의종 말기엔 대장군이 되어 문관들과 노상 어울렸다.

경대승

경대승은 아비가 평장사를 지낸 명문가 출신.

완력이 좋았던 그는 열다섯 살에 음서로 교위에 임명되고
저 얼라가 우리랑 동급이여

승진을 거듭해 정4품 장군에 이르렀다.

탐욕스러웠던 아비는 남의 땅을 빼앗아 재산을 많이 불렸는데
벼슬을 하는 목적이 뭐겠어? 재산 증식 아녀?

아비가 죽자 경대승은 재산을 몽땅 관아에 바쳐버렸다.
와우! 이런 경운 또 처음일세.

20대의 혈기 넘치는 경대승은 정중부 일당의 전횡을 참을 수가 없었다.

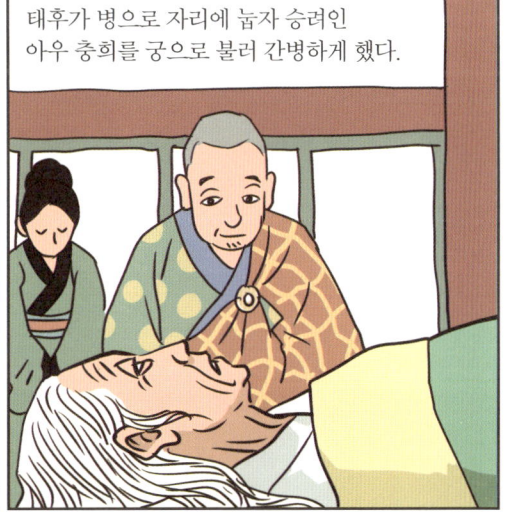

그러고는 병을 얻었는데 일어나지 못했다.
명종 13년(1183), 그의 나이 고작 서른이었다.

장례식 날 길 가는 사람들 가운데 슬피 울지 않은 사람이 없었다 한다.

경대승이 죽자 그의 호위를 담당했던 도방에 불행이 닥쳤다.

이의민

이때 이의민이 함부로 할 수 없었던 이가 있었으니 바로 두경승이다.

무신정변 당시 남들은 약탈에 정신 팔렸는데

홀로 대궐문을 지키며 남의 재물은 조금도 빼앗지 않았다.

연주성 함락의 주역이었으며 조위총의 난을 진압할 때도 일등공신 중의 일등공신.

수십 번 전투에서 한 번도 지지 않았죠.

이후 왕의 총애를 얻어 벼슬이 날로 높아졌고

이의민이 돌아와 제일의 실력자가 되었을 때엔 시중의 자리에 있었다.

맘에 안 들어.

이의민 천하가 만들어졌다.

흥흥

이의민은 물론 그의 아들 이지순, 이지영, 이지광 등의 횡포가 사람들의 입길에 오르내렸다.

아비고 아들들이고 남의 집과 땅을 빼앗아 대저택을 짓고

미인이라 소문나면 남의 아내도 멋대로 빼앗질 않나 임금이 총애하는 궁녀도 간음했다지.

이지영과 이지광은 특히 악질이어서 쌍칼이라고들 하지.

사람들이 자신의 권세 앞에 머리를 조아리자

이의민은 야무진 꿈을 꾸기도 했다.

그 옛날 이자겸이 십팔자위왕설*을 믿고 왕이 되려 했었지.

왕이 될 이씨는 이자겸이 아니라 바로 나, 이의민이었던 거야!

명종 23년(1193), 김사미의 난과 효심의 난이 일어나자 조정에서는 대장군 전존걸에게 이지순 등을 거느리고 가서 평정하게 했다.

● 십팔자위왕설(十八子爲王說): 이씨가 왕이 된다고 예언하는 참설. '이(李)'의 한자를 풀어쓰면 '십팔자(十八子)'가 된다.

최충헌

명종 26년(1196), 이의민이 집권한 지 열두 해가 흘렀다.

아들 이지영이 최충수의 집에서 비둘기 한 마리를 빼앗았다.

상대는 모두가 두려워하는 권세가.

보통은 모른 척 넘어가거나 오히려 이를 인연으로 삼으려 할 터인데

제게 더 좋은 비둘기도 있는데 보시겠습니까?

응? 당신, 사회생활을 아는구만.

이지영을 찾아온 최충수는 거칠었다.

내놓으슈. 순 도둑놈 심보 아뉴?

이놈이! 여기가 어딘 줄 알고? 저자를 당장 결박해라!

길거리로 나와 군막을 설치하고 군사를 모집하자 장사들이 호응해왔고

분위기를 살피던 장수들도 달려와 무릎을 꿇고 복종을 표했다.

이의민의 아들 이지순과 이지광은 가동들을 거느리고 대적해보려 했으나

역부족이었다.

안서도호부로 가서 백성에게 민폐를 끼치고 있던 이지영은

태수와 잔치를 열어 술 마시다가

최충헌이 보낸 이에게 목이 잘렸다.

이의민 일족과 노비를 비롯해 대대적인 색출과 제거 작업이 이루어졌다.

도망했던 이지순, 이지광은 자수를 택했다. 그러나…

"목숨만 살려주십쇼~"

"이자들은 바로 재앙의 씨앗이니 용서할 수 없다!"

그렇게 왕위까지 넘보았던 이의민도 몰락했다.

최충헌의 행보에 동의하지 않은 이들도 많았다.

"평장사 권절평과 손석, 상장군 길인 등이 군사를 일으키려 한다는 정보입니다."

최충헌은 권절평과 손석의 아들들을 불러 함께 술 마시다가 죽이고

우두두둑

척추 부러뜨리는 소리

이에 최충헌은 각 지방에 사자를 보내 위무토록 하는 한편

두려워 말라. 역적 난신들을 제거한 것이고 이제 새 정치가 이뤄질 것이니…

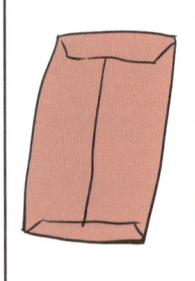

최충수와 함께 봉사를 올렸다.

삼가 보옵건대 적신 이의민은 성품이 사납고 잔인해 위로 임금을 협박하고 아래로 신하를 업신여겨… 신들이 폐하의 위령에 힘입어 한꺼번에 죄다 제거하였사오니…

이전의 집정 무신들과는 상당히 다른 행보였다.

청컨대 옛 정치를 개혁하고 새로운 정치를 도모하여 태조대왕의 바른 법을 한결같이 준행하여 빛나게 중흥시켜야 할 것이옵니다.

1. 화재 후 새로 지은 궁(연경궁)에 들어가 거처할 것.
2. 초과 설치된 자리로 봉록이 부족하니 바로잡을 것.
3. 빼앗긴 토지들을 본 주인에게 돌려줄 것.
4. 어질고 능한 관리를 외직에 임명해 백성의 가산을 탐진하지 못하게 할 것.
5. 여러 도의 안찰사에게 백성에게서 빼앗아 진상하지 못하게 할 것.
6. 중들을 물리쳐 궁궐에 발을 디디지 못하게 할 것.
7. 관찰사들로 하여금 향리들을 조사해 보고케 하여 잘한 자는 발탁하고 잘못한 자는 징계할 것.
8. 백관에게 훈계해 사치를 금하고 검소함을 숭상케 할 것.
9. 비보사찰® 외엔 모두 제거할 것.
10. 대성(臺省)에 적임자를 임명해 바른 말을 하는 사람을 조정에 둘 것.

근데 나는 왜 더 무섭게 느껴지지?

● 비보사찰(神補寺刹): 도참설과 불교 신앙에 따라 전국의 명산에 지은 약 3,800개의 절.

제3장

반란의 시대

1174 조위총의 난
1176 망이·망소이의 난
1177 서경 세력 봉기
1182 전주 기두 죽동의 반란
1190 경주 민란
1193 김사미의 난, 효심의 난
1198 만적의 난
1199 강릉과 경주에서 반란
1200 정방의의 난
1202 경주와 영주 별초군 간 전투
1217 최광수, 서경에서 반란

◀ 운문사
운문사가 자리한 경상북도 청도군 운문산에서 명종 23년(1193) 김사미가 농민군을 이끌고 반란을 일으켰다. 운문산을 넘으면 경주나 울산으로 이어져, 그 지역의 농민군들과 쉽게 연대할 수 있었다.

망이·망소이의 난

● 묵형(墨刑): 이마나 팔뚝에 먹줄로 죄명을 써넣는 형벌.

제3장 반란의 시대

계속되는 서경의 반역

망이·망소이의 난이 진행되는 도중에

조위총의 난은 평정되었다.

그런데 불과 몇 달 뒤 서경의 잔여 세력 500명이 다시 봉기했다.

애초 서경이 포위됐을 때 성을 넘어 항복한 자가 1,000여 명에 이르렀다.

서경이 함락될 당시 서경에 남아 있던 장정들이 대거 몸을 피했는데

"남아 있다간 개죽음 당할 게 뻔하니까."

이때 앞서 항복했던 이들이 돌아와

• 면천(免賤): 천민의 신분을 면하고 평민이 됨.

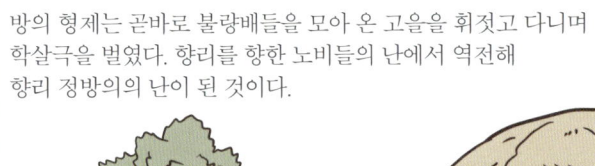

옛 신라 지역의 반란

옛 고구려 수도인 서경을 중심으로 한 반란이 오래도록 고려를 흔들었는데

옛 신라 지역의 반란들도 만만치 않았다. 명종 20년(1190) 경주를 시작으로 곳곳에서 민란이 일어났다.

그중 강한 세력으론 명종 23년(1193) 일어난 운문(청도)의 김사미와

초전(울산)의 효심이었다.

이에 군사를 보내 진압하게 했는데 이의민의 아들 이지순이 반군과 내통하는 바람에

번번이 패전해

지휘를 맡은 대장군 전존걸이 스스로 목숨을 끊었다는 건 앞서 본 대로이다.

혼란한 이 시절에 있었던 훈훈한 이야기 하나.

명종 15년(1185), 노극청이란 이가 집을 팔려다가
팔지 못한 채 외지로 나갔는데 그사이에 아내가
현덕수란 이에게 백은 12근을 받고 팔았다.

집으로 돌아온 노극청 왈,
"나는 이 집을 백은 9근에 샀고
더 꾸민 것도 없는데 3근을 더 받는 게 도리이겠소?"
그러곤 현덕수를 찾아가 3근을 돌려주려 했다.
현덕수가 받지 않으려 하자 그럴 거면 아예 계약을
파기하자고 완강히 나왔다. 마지못해 백은 3근을 돌려받은
현덕수는 "내가 어찌 극청보다 못한 사람인가?"라며
그 돈을 몽땅 절에 기부했더라.

제4장

최씨 정권의 성립

- 1197 명종 폐위, 신종 즉위
  - 최충헌, 동생 최충수를 제거
- 1199 최충헌, 김준거 형제를 제거
- 1204 신종 훙거, 희종 즉위
- 1205 최충헌, 문하시중에 임명
- 1206 최충헌, 진강후에 임명
- 1207 최충헌, 박진재 일당을 숙청
- 1209 교정도감 설치
- 1211 희종, 최충헌 암살 시도
  - 희종 폐위, 강종 즉위
- 1213 강종 훙거, 고종 즉위
- 1216 거란군, 고려 침공
- 1217 종군 승려들, 최충헌 제거 시도
- 1218 몽골군, 고려로 진군
- 1219 고려-몽골 연합군에 거란군 항복

◀ 강화 석릉
인천 강화군 양도면에 위치한 희종의 무덤이다. 최충헌을 제거하려다 실패한 희종은 왕의 자리에서 쫓겨났고, 강화 교동에서 생을 마쳤다.

명종을 폐하다

그렇게 만반의 조치를 취한 뒤

자, 그만 나오슈.

명종을 폐하고 창락궁에 유폐했다.
명종 27년(1197) 9월의 일이다.

여기서만 지내야 할게요.

사신의 평이 날카롭다.

정중부, 이의방, 이의민 등이 의종을 시해하고
국권을 농단했으니 명종이 취할 계책은 스스로 마음을 굳게 먹고
반드시 역적을 처단하고야 말겠다는 뜻을 세우는 일이었다.
그러기에는 명종의 힘이 부족했다고 할지 모르나
경대승이 왕실의 미약함을 분개하고 강한 신하가 발호함을
미워해 하루아침에 의거를 일으켜 마치 범이 여우나 토끼를
사냥하듯 했다.

이의민은 겨우 목숨을 보존해 쥐새끼처럼 시골에 숨어 살게
되었으니, 이때야말로 인재를 겨냥해 나라의 기강을 바로 세우고
왕실을 부흥시킬 좋은 기회였다.
그러나 왕은 그렇게 하지 못하고 안일에 빠져 그 행동이
평소 무사히 지낼 때와 다를 바 없었다.
이의민 같은 자는 기껏 한 필부에 지나지 않았으니
사자 한 명만 보내 임금을 시해한 죄로 처형하고 일족을
멸해버려야 했었다. 그런데 도리어 불러들여 작위를
높여줌으로써 왕실을 능욕하고 조정의 신하들을 살해하게 했으며
벼슬과 옥사를 팔아 조정을 혼탁하게 만들었으니
그 재앙이야말로 참혹한 것이었다.

최충헌이 그 틈을 타고 일어나는 통에 왕은 도리어
축출을 당하고 자손은 보전하지 못하게 되었다.
이로부터 권신이 잇달아 국권을 잡아
왕실이 망하지는 않았으나 거의 백 년 동안
관에 달아놓은 구슬처럼 나라가 위태로웠으니
참으로 애통한 일이다.

바보!

명종 시절에 있었던 일화 두어 가지만 덧붙이자.

앞서 본 대로 명종은 산수화 그리기를 즐겨하여 정사도 뒷전이었다.
어떤가?

명종과 늘 함께 그림을 그리곤 했던 이로 이광필이 있다.
구도도 묘사도 아주 좋사옵니다.

그를 사랑한 나머지 그의 아들에게 대정 벼슬을 내렸다.

정언 정지후가 이를 지적하자
서경을 정벌한 공으로 벼슬을 제수하셨는데 그때 그의 나이는 고작 열 살에 지나지 않는데 무슨 공을 세웠겠습니까?

명종은 이렇게 변호했다.
너는 어찌 광필이 나라를 빛나게 한 일은 생각지 않느냐? 광필이 아니었다면 삼한의 그림은 거의 끊어졌을 것이다.

광필의 아비 이령도 일찍부터 그림으로 명성이 자자했다.
그림은 이령!
인정

사신을 따라 송나라에 갔을 때였다.
듣자니 그대의 솜씨가 제법이라던데, 솜씨 한번 보여다오. 고려의 예성강을 그려보겠느냐?

1인 권력의 확립

제4장 최씨 정권의 성립

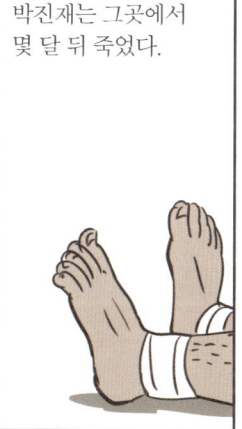

최충헌 치세의 왕들

최충헌에 의해 왕위에 오른 신종.

그의 치세 동안 최충헌은 확고한 1인 권력을 구축했고

밖에선 반란이 끊이질 않았다.

재위 7년째인 1204년 1월, 전달에 난 등창이 심해졌다.

중서시랑평장사 이부상서태자소사 최충헌공께서 문후를 여쭙나이다.

안으로 뫼셔라.

짐이 왕위에 오른 것은 모두 공의 힘이오. 보다시피 이젠 늙고 병들어 태자에게 왕위를 전하려 하오.

선위의 명은 신하 된 자로서 감히 따를 수 없나이다. 부디 옥체를 보존하소서.

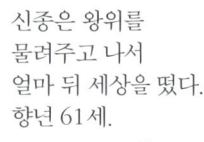

신종은 왕위를
물려주고 나서
얼마 뒤 세상을 떴다.
향년 61세.

모든 주요 결정을
최충헌의 뜻에 따르면서
이름뿐인 왕으로 보낸
7년이었다.

어떻게
할까요?

윤허
하시죠.

희종 시절, 최충헌의 힘은 더욱 강대해졌다.

이전에 집정했던
무신 권력자들과는
급이 달라.

그러나 젊은 희종은 아버지처럼
최충헌의 부하 같은 삶을
살고 싶지 않았다.

그 옛날
인종 임금이
이자겸을
쳐낸 것처럼!

겉으론 최상의 예우를 다하는
척하면서 때를 기다렸다.

희종 7년(1211) 12월,
최충헌이 인사 문제로
찾아온 날이었다.

알겠소.
공의 뜻대로
하오.

그럼 짐은
이만 들어가
쉴까 하오.

예, 폐하!
소신은 이만
물러나겠나이다.

제4장 최씨 정권의 성립

강종은 태자 시절 궁녀들에게서 아들 여럿을 낳았으나

정비에게선 마흔이 넘어서야 아들 하나를 낳았을 뿐이다. 이 아이가 바로 고종이다.

명종이 폐위되면서 아버지 강종도 폐태자 되었을 때, 그의 나이 여섯 살.

열아홉에 개경으로 돌아오고

곧이어 태자가 되더니 마침내 스물두 살의 나이로 왕위를 이었다.

고종은 무려 46년간 재위하면서 여러 차례 몽골의 침략을 겪었고 4대에 걸친 최씨 정권이 무너지는 것까지 목도하게 된다.

최충헌의 위세

대륙의 혼돈이 고려로

대부대의 침공이었지만 가족들까지 거느린 거란족의 집단 이주와 민족 이동의 성격이 짙었다.

마을마다 돌아다니며 약탈을 행하자

고려는 즉시 대응군을 편성했다.

중군병마사 노원순   우군병마사 오응부   후군병마사 김취려

소소한 전투에서 승리를 이어가다가

낭장 정순우가 적 82급을 벴습니다.

귀주에서도 250급을.

풍단역에서 160급을.

개평역에서 대군끼리 마주했다.

나라가 혼란해진 틈을 탄 반란도 있었다. 진위(평택)현 사람 이장대 등은 무리를 모아

현령의 병부와 도장을 빼앗아 창고를 열어 굶주린 백성에게 나눠주었다.

스스로를 정국병마사라 칭하고 모인 군사를 의병이라 부르며 종덕(화성), 하양(아산) 등지를 장악하기도 했다.

이어서 광주를 침범하려다 관군에게 무너졌다.

이장대 등 주모자들은 서울로 보내져

처형되었다.

전군, 중군, 좌군이 차례로 무너지고

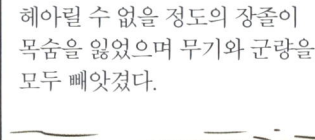
헤아릴 수 없을 정도의 장졸이 목숨을 잃었으며 무기와 군량을 모두 빼앗겼다.

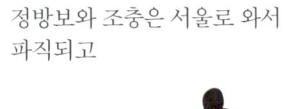
정방보와 조충은 서울로 와서 파직되고

도성 안팎은 크게 술렁였다.

"짐 쌀 준비해."
"어디로 가요?"
"어디든 가야지. 오랑캐들이 코앞에 왔는데"

그도 그럴 것이 거란군은 파죽지세로 내달려와

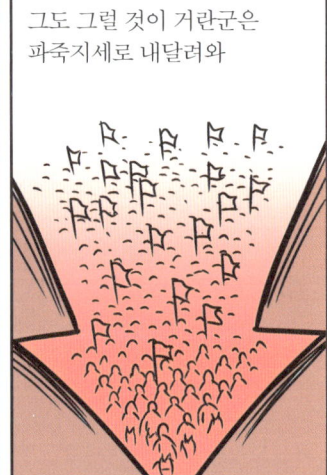

노약자들과 병장기를 남겨둔 채 패주했다.

기세가 꺾인 거란군은 남하를 포기하고 강릉을 거쳐 함흥을 지나 여진 지역으로 넘어갔다.

그러곤 여진 세력과 합세해 다시 침공해오곤 했다.

김취려가 병을 얻어 개경으로 와 치료에 전념하는 사이

거란, 여진 연합군은 함흥 일대를 장악했다.

해가 바뀌어 고종 5년(1218) 대규모 거란군이 다시 쳐들어왔다.

고려는 파면돼 있었던 조충을 서북면원수로, 김취려를 병마사로 삼아 대응하게 했다.

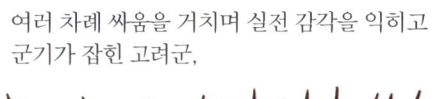

몽골과의 만남

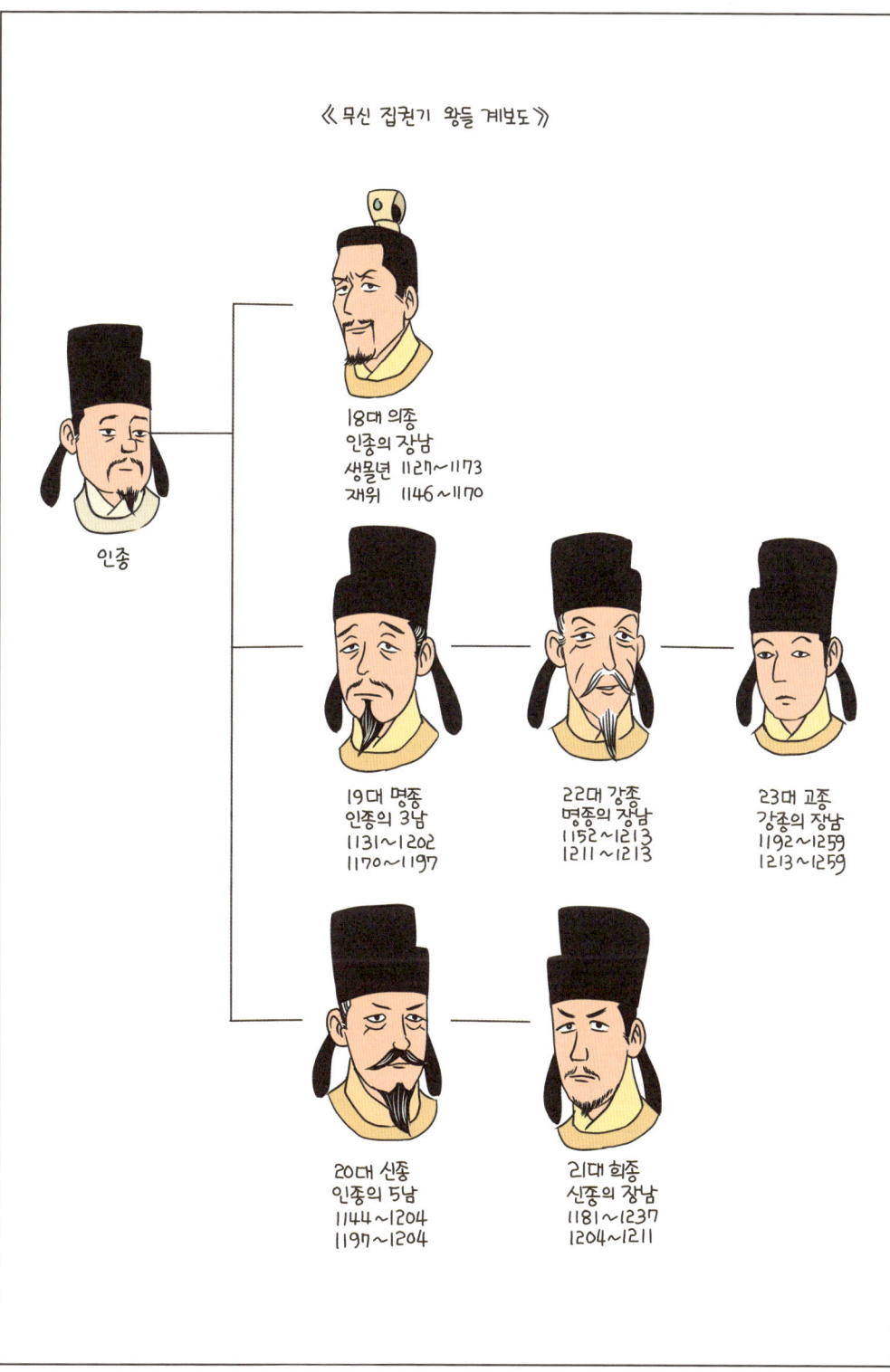

작가 후기

"장수와 재상에 어찌 종자가 있으랴!"

최충헌의 가노였을 것으로 추정되는 만적을 비롯한 여섯 명의 노비가 난을 도모하며 부르짖은 구호로, 그들은 이때 경인년과 계사년을 예로 언급했다. 경인년은 정중부, 이의방 등이 무신란을 일으킨 해(1170)고, 계사년은 김보당의 난과 관련해 숱한 문신들이 무신들의 칼날에 죽은 해(1173)다. 이때 많은 하급 무사가 권력자로 변모했고, 종이나 미천한 출신들도 공을 세워 벼슬을 하게 되었다.

고려가 건국되고 나라의 제도가 정비되면서 초기의 호족 중심 권력 구조는 어느덧 문벌 귀족이 주도하는 형국으로 바뀌어 있었다. 문벌 귀족들은 재산과 권력을 세습하고 왕실이나 유력 가문과 혼맥을 형성하면서 자신들의 지배체제를 공고히 했다. 이런 사회에서 신분을 뛰어넘는 계급 간의 이동은 극히 어려울 수밖에 없었다.

무신란은 이 구도를 단박에 무너뜨렸다. 문벌 귀족은 사실상 해체되었고, 힘 있는 무신과 그 측근 들이 주도하는 사회가 되어버린 것이다. 하급 장교는 물론 병졸, 유력자의 눈에 띈 가노, 부랑아 등이 초고속으로 출세해 권력과 부를 얻는 일이 빈번하게 일어났다. 이런 흐름은 무신정권 시대 이후로도 상당 기간 계속된다. 만적의 구호처럼 장상의 씨가 따로 없는 세상이 펼쳐진 것이다.

　　　무신정권의 종결자 최충헌은 개국 이래 그 어떤 신하도 이뤄보지 못한 권력을 구축했다. 임금을 마음대로 폐위하고 즉위시킬 수 있었던 최충헌! 그런데도 스스로 임금이 될 생각은 하지 않았다. 이자겸이나 이의민조차 한때 임금의 자리를 넘보았는데, 그는 왜 임금보다 훨씬 강력한 힘을 지니고도 신하의 자리에 머물렀을까? 나름의 절제였을까? 마지막 5권에서 다룰 역성혁명의 과정을 살펴보면 혹 해답의 실마리를 얻게 되지 않을까 싶다.

고려사 연표

의종

1147 의종 원년
5월 15일 영통사에서 후사를 기도하고 화엄경을 강경하다.
5월 25일 대간이 간언을 올렸으나 대답하지 않고 격구를 하다.

1149 의종 3년
7월 26일 간관이 궐문 앞에 엎드려 왕의 실정을 간언하다.

1151 의종 5년
3월 21일 정습명이 죽다.
윤4월 정함을 권지합문지후로 삼으니 대간이 반발하다. 정함이 자신을 반대하는 대관들을 모함하다.
5월 재상과 간관이 정함을 탄핵하다.
8월 대간의 뜻에 따라 정함을 축출하다.

1152 의종 6년
8월 정함을 소환해 내시에 충당하다.

1156 의종 10년
3월 김존중을 태자소보로 삼았는데, 오래지 않아 죽다.
12월 정함을 탄핵하려 한 최숙청을 유배 보내다.

1157 의종 11년
1월 미상 영의의 말에 따라 재앙을 물리치는 불사를 열고, 익양공의 집을 빼앗아 이궁을 창건하다.
1월 24일 사관을 물리치자고 청하자 왕이 "사관은 나의 언동을 기록해야 하므로 잠시라도 떠날 수 없다"라고 하다.
2월 12일 대령후를 천안부로 유배 보내다.
4월 1일 여러 이궁을 짓고 사치스럽게 꾸미다.
5월 정함을 다시 권지각문지후로 삼다.
8월 22일 총지사에 행차하다. 백관과 군졸은 산속 골짜기에서 노숙하며 한탄하다.
11월 정함의 고신에 서명하는 문제로 관료를 해임하다.
12월 21일 정함의 집을 경명궁으로 삼다.

1158 의종 12년
6월 왕이 정함 고신에 서명할 것을 강요하니 대간들이 왕의 명을 듣지 않다.
9월 4일 배주에 별궁을 짓고 중흥궐·대화전이라 하다.

1160 의종 14년
3월 18일 고관들을 불러 어원의 화초와 진기한 금수를 감상하게 하고, 술과 과일을 내리다.

1163 의종 17년
8월 문극겸이 소를 올려 백선연·영의·최유칭의 죄를 논하며, 백선연의 목을 베고 영의는 내쫓고 유칭은 파직할 것을 청하다.

1165 의종 19년
3월 12일 왕이 보현원으로 거처를 옮기는 중에 호위병 9명이 동사하다.

1166 의종 20년
4월 미상 백선연이 불상을 주조하여 왕에게 아첨하다.
4월 21일 왕이 민가를 빼앗아 만든 관북별궁으로 거처를 옮기다.

1167 의종 21년
3월 23일 현화사 중미정 못에 배를 띄우고 즐기다. 중미정 신축에 동원된 역졸의 아내가 머리카락을 팔아 음식을 장만하다.

1170 의종 24년
1월 1일 왕이 직접 신하들의 신년하례 표문을 지어 신하들로 하여금 올리게 하다.
4월 28일 왕이 화평재에 가다. 왕의 행차가 잦으니 호종하던 정중부 등이 역심을 품다.
5월 18일 연복정에서 잔치를 열다.
8월 30일 보현원에서 무신들이 난을 일으키다.
9월 1일 정중부가 내시와 환관 등을 죽이다.
9월 2일 왕을 거제현으로 추방하고 김돈중을 죽이다. 정중부 등이 익양공 호를 맞아 왕위에 앉히다.

명종

1170 명종 즉위년
10월 4일 크게 사면하고 정중부 등을 공신으로 삼다.

1171 명종 원년
1월 이의방, 채원이 이고를 죽이고 그의 일당을 제거하다.
4월 이의방이 채원과 그의 일당을 죽이다.
5월 15일 유응규가 금나라에서 돌아오면서 전왕의 양위가 미심쩍다는 황제의 조서를 가지고 오다.

1172 명종 2년
5월 5일 금나라에서 사신을 보내 왕을 책봉하다.

1173 명종 3년
4월 19일 원자 숙을 태자로 책봉하다.
8월 20일 동북면에서 김보당이 반란을 일으키다.
9월 13일 김보당의 무고에 따라 문신들을 모조리 살해하다.
9월 27일 경주 사람들이 전왕을 객사에 유폐시키다.
10월 1일 이의민이 전왕을 시해하다.

1174 명종 4년
1월 개경 사찰의 승려들이 이의방을 제거하려다 실패하다.
3월 2일 이의방의 딸을 태자비로 삼다.
9월 25일 조위총이 군사를 일으켜 정중부 등의 제거를 도모하다.
10월 5일 윤인첨을 지휘관으로 삼아 조위총을 치게 하다.
10월 12일 윤인첨의 관군이 반란군에 크게 패하다.
10월 미상 두경승이 반란군을 격파하다.
12월 18일 정균이 승려 종참을 꾀어 이의방을 죽이다.
12월 29일 정중부를 문하시중으로, 송유인을 추밀원부사 병부상서로 임명하다.

1175 명종 5년
6월 두경승이 연주를 함락시키고, 윤인첨이 서경을 포위하다.
7월 조위총이 금에 사신을 보내 이의방의 죄를 알리려 하였으나 실패하다.
10월 조위총이 금에 내속하기를 청했으나 금에서 거부하다.

1176 명종 6년
1월 공주 명학소의 망이와 망소이가 반란을 일으키다.
3월 정중부가 병으로 관직에서 물러나기를 청하다.
6월 13일 명학소를 충순현으로 승격시키다. 서경을 함락하고 조위총을 처형하다.
8월 정균과 송유인을 탄핵하는 방이 내걸리다.
9월 미상 이의방의 복수를 도모한 무신들을 처벌하다. 노약순 등이 망이를 끌어들여 난을 도모하다가 처벌되다.

1177 명종 7년
1월 8일 망이와 망소이가 투항해오다.
2월 10일 망이와 망소이가 다시 반란을 일으키다.
5월 12일 충순현의 이름을 없애다.
5월 23일 조위총의 잔당이 서경에서 난을 일으키다.
6월 23일 망이가 투항 의사를 전해오다.
7월 20일 망이와 망소이 등을 옥에 가두다.
9월 5일 이의민을 보내 서경 반군을 토벌하게 하다.

1178 명종 8년
1월 25일 이의민이 서경 반군 300여 명을 참살하고 승전을 고하다.
7월 정중부의 뜻에 따라 옥사가 연이어 발생하다.
8월 정균이 태후의 별궁을 받아 사저를 짓다.
10월 서경 반군이 투항하다.

1179 명종 9년
7월 3일 문극겸과 한문준 등을 좌천하다.
9월 16일 경대승이 정중부와 송유인을 살해하다.
9월 미상 경대승이 도방을 두다.

1180 명종 10년
1월 경대승의 도방이 약탈을 자행하다.
6월 29일 총애하던 궁녀 명춘이 죽자 왕이 크게 슬퍼하다.
12월 경대승이 허승 등을 죽이다.

1181 명종 11년
4월 이의민이 병을 핑계로 경주로 돌아가다.

1182 명종 12년
3월 전주의 기두 죽동 등이 반란을 일으키다.

1183 명종 13년
7월 경대승이 죽다.
8월 16일 경대승의 도방을 체포하여 유배 보내다.

1184 명종 14년
2월 이의민을 소환하다.
8월 8일 총애하는 후궁이 죽자 왕이 식음을 전폐하다.

1185 명종 15년
3월 왕이 그림에 전념하며 국사를 그르치다.
4월 노극청과 현덕수가 의로운 행실을 보이다.

1187 명종 17년
9월 승려 일엄이 왕과 백성들을 미혹시키다.

1190 명종 20년
1월 경주 도적떼들의 저항으로 관군이 많은 사상자를 내다.

1193 명종 23년
7월 미상 김사미가 운문에서, 효심이 초전에서 삼아 반군을 일으키다.
7월 12일 전존걸 등을 보내 남적을 토벌하게 하다. 이지순의 반역 행위로 토벌하지 못하다.

1194 명종 24년
2월 1일 김사미가 투항을 청했으나 목을 베다.
12월 7일 효심을 사로잡다.

1196 명종 26년
4월 9일 최충헌이 이의민을 살해하고 정권을 장악하다.
4월 미상 최충헌 형제가 봉사 10조를 올리다. 투항한 이의민의 아들 이지순, 이지광을 참수하다.

1197 명종 27년
9월 14일 최충헌 형제가 왕위 폐립을 고하는 초제를 열자 기상이변이 나타나다.
9월 23일 최충헌 형제가 왕을 유폐시키고 평량공 민을 새로 옹립하다.

신종

1197 신종 즉위년
10월 최충헌이 동생 최충수를 숙청하다.
11월 1일 두경승이 사망하다.

1198 신종 원년
5월 만적이 노비들과 반역을 도모하다 처형당하다.

1199 신종 2년
2월 2일 강릉와 경주에서 도적떼가 창궐하다.
3월 26일 투항한 경주와 울진의 반적 우두머리들을 돌려보내다.
8월 최충헌이 김준거 형제를 죽이다.

1200 신종 3년
4월 정방의가 진주에서 난을 일으키다.

1201 신종 4년
3월 2일 진주 사람들이 정방의 무리를 축출하다.
9월 박진재의 모반을 알리는 익명방이 붙다.

1202 신종 5년
10월 경주와 영주의 별초군 간에 싸움이 일어나자 경주를 토벌하기로 하다.
11월 17일 전왕이 창락궁에서 승하하다.
11월 미상 반란을 모의한 경주인 배원우를 처형하다.

1203 신종 6년
4월 정언진이 계책을 내어 경주의 적괴 이비를 사로잡다.
7월 운문산의 적괴 패좌를 처단하다.
12월 26일 왕이 등창이 나다.

1204 신종 7년
1월 3일 최충헌이 문병을 오자 왕이 선위하는 일을 논하다.
1월 5일 왕이 태자에게 양위한다는 조서를 내리다.
1월 13일 왕이 훙거하다.

희종

1205 희종 원년
12월 15일 최충헌을 문하시중으로 삼다.

1206 희종 2년
3월 최충헌을 진강후로 삼고 흥녕부를 세우다.

1207 희종 3년
5월 최충헌이 박진재 및 그의 문객을 처단하다.

1209 희종 6년
4월 교정도감을 설치하다.

1210 희종 6년
4월 최충헌의 대저택을 짓는 일로 민심이 흉흉해지다.
12월 명종의 태자 숙을 강화에서 불러오다.

1211 희종 7년
1월 9일 명종의 태자 숙을 책봉하다.
1월 미상 노인우가 최충헌에게 간언하다.
12월 22일 최충헌 암살 시도가 실패하다.
12월 25일 최충헌이 왕을 폐위시키고 숙을 옹립하다.

강종

1211 강종 즉위년
12월 최충헌이 자신을 모살하려 한 왕준명 등을 유배 보내다.

1213 강종 2년
8월 5일 왕이 병들다.
8월 9일 왕이 태자에게 왕위를 넘기고 훙거하다.

고종

1215 고종 2년
8월 12일 전왕 희종을 강화 교동현으로 옮기다.

1216 고종 3년
8월 14일 거란 금산왕자의 군대가 고려 경내를 침범하다.
8월 20일 거란군이 고려군을 격퇴하며 남진하다.
9월 김취려의 활약으로 거란군을 격파하다.
10월 정숙첨과 조충을 원수와 부원수로 삼고 병력을 보충하다.
11월 대대적으로 병력을 보충하였으나 실효를 거두지 못하다. 거란군이 대동강을 건너 황해도로 들어오다.
12월 18일 거란군이 황주를 공격하다.

1217 고종 4년
1월 최충헌 부자가 집에 사병을 배치하다. 흥왕사 등의 승려가 최충헌을 죽이려 하다.
3월 정방보와 조충이 거란군에 패하다.
5월 23일 거란군이 원주를 함락하다.
6월 최광수가 서경에서 난을 일으키다.
7월 5일 최원세와 김취려가 박달현에서 거란군을 대파하다.
8월 거란군이 여진 땅으로 들어가다.
10월 김취려가 병이 깊어 서울로 돌아오다.
11월 재집결한 거란군이 다시 쳐들어오다.

1218 고종 5년
7월 22일 조충을 서북면원수로, 김취려를 병마사로 삼다.
8월 24일 거란군이 양주를 침략하다.
9월 조충 등이 거란군을 이기다.
12월 1일 몽골군이 거란 토벌을 내세우며 강동성으로 진군하다.

1219 고종 6년
1월 14일 조충과 김취려가 몽골군과 더불어 거란군을 항복시키다.
1월 23일 합진이 사자를 보내 화친을 청하다.
1월 24일 몽골의 사자가 예법을 어기고 불손하게 편지를 전달하다.
2월 22일 합진 등이 귀국하면서 동진 관리들을 의주에 남겨두다.
3월 1일 교동현에서 전왕 희종을 맞아오다.
7월 북계 고을에 몽골군의 침략을 대비하게 하다.
9월 20일 최충헌이 죽다.

고려 왕실 세계도

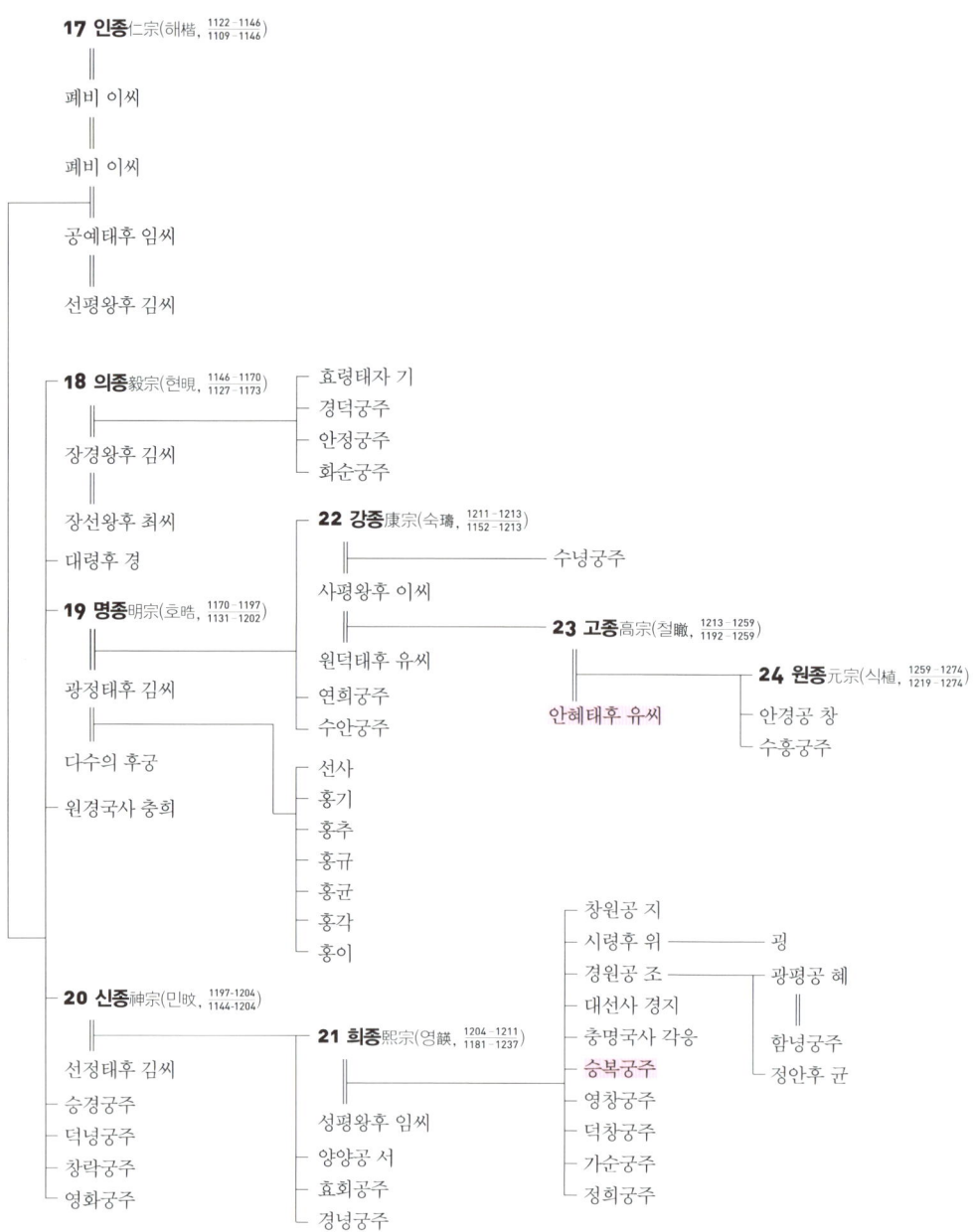

정사(正史)로 기록된 고려의 역사, 《고려사》와 《고려사절요》

고려에 관한 가장 풍부한 기초 자료집, 《고려사》

《고려사(高麗史)》는 고려 왕조의 역사를 충실하게 담고 있는 역사서로, 조선 초기 김종서·정인지 등이 세종의 교지를 받아 편찬했다. 오늘날 전하는 고려시대 역사서 가운데 가장 오래됐으며, 당대의 역사서는 물론 문집·묘지명 등 다양한 사료를 수록하여 세가 46권, 지 39권, 연표 2권, 열전 50권, 목록 2권 등 총 139권 75책으로 구성되어 있다. 특히 열전은 한 시대를 풍미한 인물 1,008명의 이야기를 담았으며, 인물 배치 순서에서 편찬 의도가 넌지시 드러나 《고려사》에서 가장 흥미로운 부분으로 꼽히기도 한다.

방대한 내용을 담았음에도 《고려사》는 엄격한 역사성과 객관성을 유지한 역사서로 평가받는다. 편찬자가 문장을 만들어내지 않고 엄정히 선택한 원 사료의 문장을 그대로 옮겨 적는 방식으로 엮었으며, 인물 평가도 한 개인에 대한 칭찬과 비판의 자료를 모두 기재하여 객관적인 서술 태도를 유지했다. 이렇듯 《고려사》는 고려 왕조사에 관한 가장 풍부한 기초 문헌이자 고려의 역사를 기록한 정사로서, 학술적·문화재적으로 그 가치를 인정받아 2021년 문화재청이 보물로 지정했다.

《고려사》를 보완하는 독자 중심 역사서, 《고려사절요》

《고려사절요(高麗史節要)》는 '절요'라는 명칭이 붙기는 했으나 《고려사》를 줄인 책이 아니라 서로 보완하는 성격을 지닌 35권 분량의 사서이다. 《고려사》 편찬을 마쳐 문종에게 바치는 자리에서 김종서는 기전체로 서술된 《고려사》가 사실을 자세히 기록하는 장점이 있으나 읽는 이에게 불편하니 역사적 사실을 종합해 시간순으로 서술하는 편년체의 사서를 편찬할 것을 건의해 문종의 승낙을 받았다.

《고려사절요》는 《고려사》에서 찾을 수 없는 기록도 포함하고 있으며, 연월을 꼼꼼히 기술하여 정치적 사건의 추이를 전하는 사료로서의 가치가 높다. 역대 역사가의 사론을 여러 곳에 실어 사학사상 연구에도 귀중한 자료이며, 《고려사》에 비해 왕보다 관료의 비중을 높여 기록한 점도 주목할 만하다.

박시백의 고려사 3 무신정권과 반란의 시대

1판 1쇄 발행일 2023년 1월 16일
1판 6쇄 발행일 2025년 2월 17일

지은이 박시백

발행인 김학원
발행처 (주)휴머니스트출판그룹
출판등록 제313-2007-000007호(2007년 1월 5일)
주소 (03991) 서울시 마포구 동교로23길 76(연남동)
전화 02-335-4422 **팩스** 02-334-3427
저자·독자 서비스 humanist@humanistbooks.com
홈페이지 www.humanistbooks.com
유튜브 youtube.com/user/humanistma **포스트** post.naver.com/hmcv
페이스북 facebook.com/hmcv2001 **인스타그램** @humanist_insta

편집주간 황서현 **편집** 하빛 박나영 이영란 **디자인** 김태형 박인규
조판 홍영사 **용지** 화인페이퍼 **인쇄** 정민문화사 **제본** 정민문화사
사진 제공 12쪽 조선유적유물도감·76쪽 연합뉴스·120쪽 shutterstock·160쪽 연합뉴스

ⓒ 박시백, 2023

ISBN 979-11-6080-952-7 07910
ISBN 979-11-6080-808-7 07910(세트)

• 이 책은 저작권법에 따라 보호받는 저작물이므로 무단 전재와 무단 복제를 금합니다.
• 이 책의 전부 또는 일부를 이용하려면 반드시 저자와 (주)휴머니스트출판그룹의 동의를 받아야 합니다.